SUPERCOMIC
Steckbrief

NAME: SUPERCOMIC

🌐 Geburtsort ☕ Wohnsitz 🍟 SPRACHEN

KOLUMBIEN **BELGIEN**

☑ Spanisch
☑ Französisch
☑ Deutsch
☑ Englisch
☐ Afrikanisch
☐ Chinesisch
☐ Russisch

Wie lieb haben ihn die Leute

☹ · · · · · · · · · · · · · · ♡ ♡ ☺

Das ist seine Waffe

BESONDERE MERKMALE UND VORLIEBEN

Brillenträger	☑
Bart	☐
Computerspiele	☑
Lesen	☑
Sport machen	☐
Musik hören	☑
Salsa tanzen	☑

Das ist sein Markenzeichen

Meistens ist er → fröhlich!

BLA BLA BLA

Er trägt die Unterhose über der Hose (sehr unpraktisch)

Hochwasserstiefel

WAS SIND SEINE SUPERKRÄFTE?

FLIEGEN	☐
WEITSPRINGEN	☐
ZEICHNEN	☑
LAUFEN	☐
GROSSES HERZ	☑
LANGE SCHLAFEN	☑

SEINE SUPERWAFFE IST EIN BLEISTIFT!

BERUF: GRAFIKER

DAS ISST ER GERNE: BEILAGE /SOßE /SORTE:

Eis	............................Erdbeere
Fritten (Pommes)	......................Mayo
Steak	............................Noch ein Steak

LIEBLINGSFARBE: Grau
AUGENFARBE: Grün
HAARFARBE: ???

LIEBLINGSTIER:
☑ Katzen   ☑ Hunde
☐ Spinnen ☐ Mücken
☐ Einhörner

Supercomic verdeckt sein Gesicht, damit er anonym bleibt. Er trägt auch ein langes Cape. Damit kann er zwar nicht fliegen, es kann aber nützlich sein, wenn man z. B. eine Tischdecke braucht.

Supercomic war am Anfang eine ganz normale Comicfigur, wie Du und ich. Er ging arbeiten, hatte eine Familie, bezahlte Steuern. Eines Tages bekommt er vom Gestalter dieses Comics eine besondere Waffe, die mächtigste aller Waffen der Welt: einen Bleistift. Damit kann er selber sein Schicksal in die Hand nehmen und verwandelt sich in Supercomic.

In Supercomic N°. 1, die Geburt eines Superhelden, kämpft er gegen das von Ronald Dump geschaffene Zensurmonster: Zensorius. Mithilfe von Greta Thunfisch gelingt der Kampf gegen das Zensurmonster und Ronald Dump landet in der Psychiatrie. Danach kommt eine große Lachpandemie.

Wird Supercomic N°.2 genau so spannend sein? Kann Supercomic die Lachpandemie aufhalten? Wird Ronald Dump, die Welt zerstören? Wird Greta Thunfisch endlich freitags zur Schule gehen? Diese und andere Fragen werden sich von allein beantworten.

Viel Spaß beim Lesen!

Henry Kreklow

IN EINEM ORT NAMENS HAUSET, IN OSTBELGISTAN, AN DER GRENZE ZWISCHEN GERMANIEN UND DEM UNTERLAND, LEBT „SUPERCOMIC", EIN AUSSERGEWÖHNLICHER SUPERHELD!

HILFE!

ICH KOMME, PRINZESSIN!

DA BIN ICH.

ICH HÄTTE GERNE EINE PIZZA MARGARITA UND EINE PEPERONI. SEIT BEGINN DER PANDEMIE DÜRFEN WIR DIE BURG NICHT VERLASSEN. VORSICHT, DA KOMMT DER DRACHE!

6

8

USA. Psychiatrische Anstalt, Washington, DC. Kurz vor dem Ausbruch der Pandemie bei SUPERCOMIC N°. 1, wurde Präsident Ronald Dump in eine psychiatrische Anstalt eingesperrt.

MISSION ACCOM-
PLISHED!

Die ganze Welt ist wegen des Virus eingesperrt. Kein Mensch wird demonstrieren können, wenn wir die neue Weltsteuerreform durchziehen.

WIR WERDEN REICH, SEHR REICH!

BRUMMS...

Wer ist WIR?

EGAL. WELCHES SIND DIE NEUEN STEUERN, DIE WIR UNS AUS-GEDACHT HABEN?

EH...

GANZ VIELE!

UNTER ANDEREM WERDEN WIR AUF DAS EIN- UND AUS-ATMEN, GEBURTSTAGSFEI-ERN, ERSTE KOMMUNION-GE-SCHENKE, SPIELKONSOLEN SPIELEN, SOZIALMEDIENPRÄ-SENZ, URLAUB, STUDIUM UND ERFINDUNGEN...

SPASS HABEN, KATZEN- ODER GOLDFISCHHALTEN, TOILETTENGANG, ALTWERDEN, GESUNDHEIT HABEN, HÜHNERHALTEN UND ERDBEEREN ANPFLANZEN, WELTWEIT STEUERN ERHEBEN.

WARUM STEU-ERN FÜR DAS ANPFLANZEN VON ERDBEEREN?

HOBBYGÄRTNER, DIE ERD-BEEREN ANPFLANZEN, VERSU-CHEN, SICH SELBST ZU VER-SORGEN. SIE KAUFEN KEINE ERDBEEREN IN DEN MÄRKTEN UND MACHEN DAMIT UNSERE AUF HANDELBASIERTE KAPI-TALWIRTSCHAFT KAPUTT!

Das klingt logisch ... Sie gehören bestraft! Aber dann müssen wir auch alle Gemüse-hobbygärtner zur Kasse bitten!

Dumm von mir nicht, daran gedacht zu haben, Mr Präsident. Das ändere ich unverzüglich.

Alle Menschen der Erde werden uns Steuern zahlen müssen!

DANACH WERDE ICH SUPERCOMIC VERNICHTEN! HA HA HAAA!

Willkommen zu Faking News ... Ich bin Daisy Trash und ich habe heute einen Special Guest: die echte Greta Thunfisch!

DAS BIN ICH!

Eine weltweite große Pandemie, verursacht von einem Lach-Virus, infiziert die Menschen. Ab sofort ist Lachen verboten!

JA!

Es ist nicht das erste Mal, dass es eine Lachpandemie gibt. 1962 in Tansania gab es die erste Lachepidemie. MPI oder Mass Psychogenic Illness, war hochansteckend!

JA!

BLEIBEN SIE ZU HAUSE! Alle Karnevalsveranstaltungen sind untersagt. In Urlaub fahren ist verboten! Feiern ist verboten, denn jede Art von Spaß kann gefährlich gute Laune auslösen!

Während wir in Quarantäne sind, arbeiten amerikanische Wissenschaftler an einer Impfung, aber bis dahin benutzen Sie bitte eine Maske.

MIT EINER MASKE KANN MAN DAS GRINSEN VERSTECKEN!

JA!

Viele Menschen bekommen bei Lachanfällen keine Luft mehr. Andere können sich tot lachen. Ältere Menschen sind besonders gefährdet, dagegen Kinder nicht, denn Millennials lachen wenig!

Es gibt aber Menschen, die die Lachpandemie gar nicht ernst nehmen. Wir haben schockierendes Videomaterial zusammen gestellt.

ACHTUNG! DIE FOLGENDEN BILDER KÖNNEN VERSTÖREND WIRKEN. FRAUEN ODER MENSCHEN MIT ÄHNLICH PSYCHISCHER LABILITÄT WIRD VON DER BETRACHTUNG ABGERATEN.

Erstaunlicherweise gibt es eine einzige Stadt weltweit, die von der Lachpandemie nicht betroffen ist: AACHEN!

JA, DIE MENSCHEN IN AACHEN SIND SO ERNST, DASS SIE SOGAR EINMAL IM JAHR EINEM MENSCHEN DAFÜR EINEN ORDEN VERLEIHEN!

DER ORDEN WIDER DEN TIERISCHEN ERNST!

Hier eine Aufnahme der letzten Preisverleihung!

AACHEN

FREUEN SIE SICH?

NEIN!

TATAAA! TA TAA!

JURY

IST AACHENS HUMORLOSIGKEIT DIE LETZTE HOFFNUNG FÜR DIE MENSCHHEIT? JA, SAGEN DIE WISSENSCHAFTLER, DENN LACHEN IST SEHR, SEHR GEFÄHRLICH!

BLEIBEN SIE ERNST, NUR SO WERDEN WIR ÜBERLEBEN!

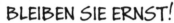

BLEIBEN SIE ERNST!

PSST! DAS HABE ICH DOCH GERADE GESAGT, DU DUMMCHEN!

?!!

Einige Idio.. Verschwörungstheoretiker glauben aber nicht, dass der Lachvirus gefährlich ist. Sogar Supercomic sagt, Lachen kann alle Krankheiten heilen - außer Durchfall. Andere sagen, dass der Virus ein weltweit organisierter Komplott ist, um die Freiheit der Menschen einzuschränken, damit sie beispielsweise nicht an Protesten teilnehmen ... PFFF... so ein Blödsinn!

UND JETZT WEITERE EBENSO WICHTIGE NACHRICHTEN!

Präsident Dump ist zurück aus seiner Erholungskur in der Psychiatrie und kündigt Steuer-Veränderungen an!

UND WÄHREND SICH DIE PANDEMIE WEITER VERBREITET, FRAGEN SICH VIELE...

...WO BLEIBT SUPERCOMIC?

FRESSE HALTEN, ICH REDE JETZT!

SEIT BEGINN DER LACH-PANDEMIE IST MIR KLAR GEWORDEN, DASS WIR AMERIKANER EINE SONDERSTELLUNG GEGENÜBER ALLEN ANDEREN NATIONEN EINNEHMEN MÜSSEN!

WIR AMERIKANER HABEN DIE WELT IMMER VOR KRIEGEN GERETTET. OB VIETNAMKRIEG ODER NAPOLEON. WIR HABEN AM ENDE ALLEN GEHOLFEN. DENN AMERIKA IST ALS DIE VON GOTT BESTIMMTE NATION ENTWORFEN WORDEN. DESWEGEN SPIELEN WIR EINE BESONDERE ROLLE IN DER WELT. DIES BEDEUTET ABER AUCH VERANTWORTUNG FÜR DIE WELTSICHERHEIT UND DAS KOSTET GELD.

DIE WELT IST SCHON WIEDER IN GEFAHR! DER LACH-VIRUS IST HOCHANSTECKEND! UND NUN MÜSSEN WIR SCHON WIEDER DIE WELT RETTEN. IST JA KLAR, DASS DIE ANDEREN ES NICHT SCHAFFEN WERDEN. WIR WERDEN ES TUN. ALLE UNSERE WISSENSCHAFTLER ARBEITEN FLEISSIG DARAN. ABER FÜR DIE WELT WIRD ES NICHT UMSONST SEIN. ICH HABE VERANLASST, EINE WELTSTEUER UMZU-SETZEN. JEDER MENSCH AUF DER WELT WIRD SICH SOLIDARISCH AN DER RECHNUNG BETEILIGEN!

YEAH!

YES!

MEHR ALS GERECHT!

WAS IST LOS?

DUMP WILL MIR MEINE ERDBEE-REN WEGNEHMEN!

SO EIN BLÖDSINN! WO-VON REDEST DU DENN?

RONALD DUMP WILL, DASS ALLE MENSCHEN AUF DER WELT DEN AMERIKANERN STEUERN FÜRS ATMEN, FÜR GESUNDHEIT UND SOGAR FÜR ERDBEEREN ZAHLEN!

IST ER VERRÜCKT?

DAS SAGE ICH DOCH!

DENKST DU AN DAS GLEI-CHE, WAS ICH DENKE?

ICH DENKE, ES IST WIE-DER ZEIT FÜR ...

Super-Helden sind Vorbilder. Da draußen läuft die Pandemie immer noch und Du bist nicht dagegen immun. Du solltest eine Maske tragen!

PASSEN SIE GUT AUF IHREN KOPF AUF. SOLLTE DIE OPERATION NICHT FUNKTIONIEREN, WERDEN SIE MEHR ALS NUR DIE HAARE VERLIEREN!

GUTEN MORGEN, MEINE DAMEN UND HERREN! HIER SPRICHT EURE GRETA, VON FAKE NEWS NETWORK. WIR HATTEN ALLE GEDACHT, ER HÄTTE SEINEN JOB AUFGEGEBEN. JETZT IST ES GEWISSHEIT: SUPERCOMIC IST ZURÜCK. ER WURDE MEHRMALS GESEHEN.

FNN

* EILMELDUNG * SUPERCOMI

WIRD ER DIE WELT RETTEN? KANN ER DIE PANDEMIE STOPPEN? WIRD ER DAS FEUER IM AMAZONAS LÖSCHEN?

IST ER ZURÜCK, UM DIE WELTSTEUERREFORM ZUM SCHEITERN ZU BRINGEN? WIRD ER DIE GLOBALKLIMAERWÄRMUNG AUFHALTEN?

WIRD ER DIE BELGISCHE REGIERUNG DAZU BEWEGEN KÖNNEN, ENDLICH KANALISATIONEN ZU BAUEN? ODER MACHT ER JETZT ALLES NUR NOCH SCHLIMMER? WIRD ER BLA, BLA, BLA!

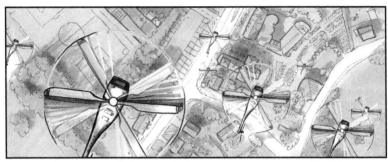

ICH FÜHLE MICH BEOBACHTET. ABGESEHEN DAVON, WARUM RENNE ICH DIE GANZE ZEIT? ICH WEISS GAR NICHT, WOHIN ICH GEHEN SOLL!

Zoomen Sie rein! Ich möchte wissen, wer das ist!

EINVERSTANDEN, MR. PRÄSIDENT!

CLICK!

OH, NEIN!

DAS IST VÖLLIG UNMÖGLICH!

Das ist... das ist... SUPERCOMIC!

NEINN!!

SENDEN SIE SOFORT EINE ATOMBOMBE NACH HAUSET. SUPERCOMIC DARF UNS NICHT ENTKOMMEN!

Aber Mr. Präsident...

Wenn wir in Hauset eine Atombombe fallen lassen, verlieren wir für immer das Rezept für die Nussecken!

Ja, das wäre ungeschickt!

SENDEN SIE STATTDESSEN ZWEI TEAMS: EINS SOLL SUPERCOMIC FANGEN, DAS ZWEITE TEAM BESORGT MIR DAS REZEPT FÜR DIE BESTEN HAUSGEMACHTEN NUSSECKEN DER WELT!

DAS MACHEN WIR SO, MR. PRÄSIDENT!

TEAM ONE, READY?

YES, SIR!

TEAM TWO, READY?

YES, SIR!

HAUSET (BE)

DAVID! Wo bleibst Du? Wo sind die Nüsse! Ich kann doch net den ganzen Tag warten!

ICH BIN DA!

WARUM DU MUSST NUSS-ECKEN BACKEN, WENN WIR KEINE GÄSTE HABEN DÜRFEN WEGEN DER QUA-RANTÄNE.

Süssstock

Ah! Du hast gar keinen Geschäftssinn. Erst, wenn ich Zeit habe, kann ich mein Rezept verbessern!

Diese Kreativität von Dir finde ich so faszinierend! Ich könnte Dir stundenlang zugucken!

Danke, Du bist ein Lieber!

AAAHH!

Zuerst muss ich einen Plan haben!

Höre ich ein Flugzeug? Seit Beginn der Pandemie dürfen nur Militärflugzeuge fliegen ... Das ist ein amerikanisches Flugzeug!

PLUM!

Ein amerikanisches Flugzeug? Das bringt mir eine Idee: Wenn Ronald Dump in Amerika ist, dann muss ich dahin!

Ich muss schnell eine Möglichkeit finden, unauffällig nach Amerika zu reisen!

47

HABEN WIR DIE ERLAUBNIS DER BELGISCHEN REGIE-RUNG, SUPERCOMIC NACH AMERIKA ZU BRINGEN?

WIR MÜSSEN KEINE RE-GIERUNG UM ERLAUBNIS BITTEN!

Seit Beginn der Pandemie kann man wieder wilde Tiere in den Städten sehen. Gibt es die Gefahr, dass wir in Hauset WILDEN TIEREN BEGEGNEN?

ICH LESE GERADE, IN HAUSET GIBT ES NUR VEGETARISCHE WÖLFE!

ACH ... GOTT SEI DANK!

DANN MÜSSEN WIR UNS GAR KEINE SORGEN MACHEN!

52

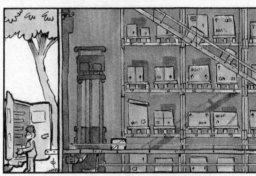

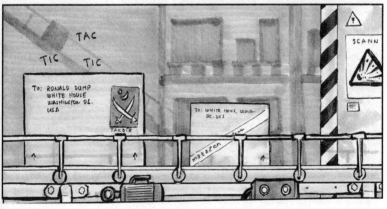

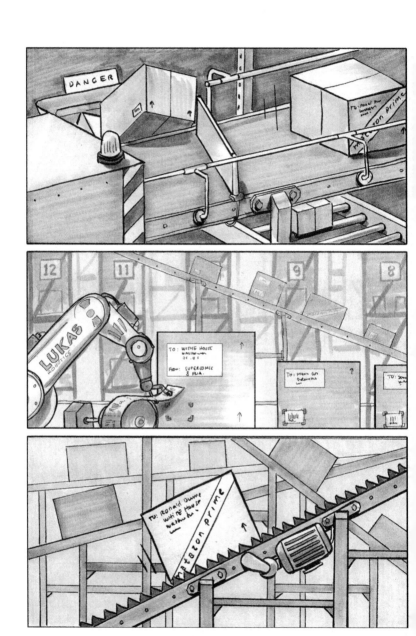

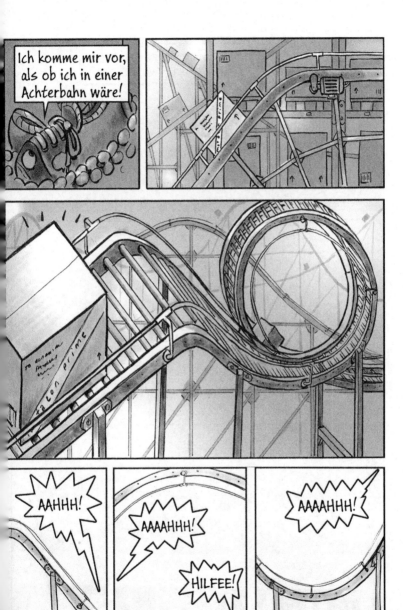

57

61

64

66

WARTEN SIE MAL ... ICH HABE DOCH EINE ERLAUBNIS!

Hier steht klar und deutlich: Ich, Frau sowieso, Ehefrau von Supercomic, erlaube ihm, das Haus zu verlassen, um die Welt retten zu können. Dieser Brief scheint echt zu sein!

Er bekommt trotzdem eine Strafe wegen nicht-tragens einer Schutzmaske im öffentlichen Raum.

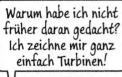

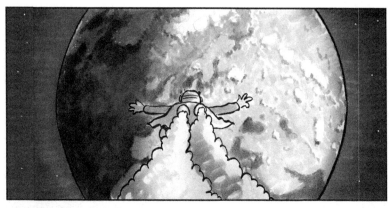

AAAAAAAH!

GUTEN TAG, MEINE DAMEN UND HERREN. HIER SPRICHT EURE GRETA THUNFISCH MIT EINER EILMELDUNG:

DAS IST MEIN JOB!

RUHE!

Präsident Ronald Dump macht gerade einen überraschungsbesuch in Belgien bei einem der ältesten Atomreaktoren Europas, um gegen veraltete Technik zu protestieren.

HEY! DIESE WELTUNTERGANG-PROPHETIN LIEST GERADE MEINEN TEXT!

HOW DARE you!?!

Ich berichte jetzt Live aus Belgien!

FRESSE HALTEN! Ich rede jetzt!

Ein Atomreaktor, der etwas veraltet ist, kann noch sehr lange saubere Energie liefern, wenn er gut gewartet wird.

ABER MIR IST KLAR, DASS SO EIN FUTZ-LAND WIE BELGIEN NICHT AUS EIGENER KRAFT TIHANGE MODERNISIEREN KANN. DESWEGEN HABE ICH HIER UND JETZT ENTSCHIEDEN, EUCH BELGIERN EINEN KREDIT ZU GEWÄHREN...

...DAMIT IHR EUCH DAS NÖTIGE KNOW-HOW UND ERSATZTEILE BEI UNS IN AMERIKA KAUFEN KÖNNT. WE MAKE TIHANGE GREAT AGAIN!

YEAH!

BRAVO!

EINE FRAGE, MR. PRÄSIDENT! WARUM TRAGEN WEDER SIE NOCH IHR TEAM EINE SCHUTZMASKE, TROTZ LACHPANDEMIE?

So eine blöde Frage. Wir sind Amerikaner, wir sind das stärkste Volk der Welt, wir brauchen keine Masken.

SIE SCHLAGEN SICH TOT!

WIE LUSTIG!

BRAVO!

DANK JE WEL!

HURRA!

MERCI!

SIE WAREN SEHR ÜBERZEUGEND!

UND WIE KOMMEN WIR AUS DIESEM KAFF RAUS? WIR MÜSSEN NOCH DIE WELTSTEUERVERTRÄGE UNTERSCHREIBEN LASSEN.

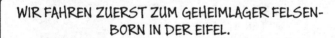

WIR FAHREN ZUERST ZUM GEHEIMLAGER FELSEN-BORN IN DER EIFEL.

UND DANN?

Dort wartet auf uns Ihr neuer Ionen-Turbocopter. Ein Helikopter, der schneller ist als jeder Kampfjet. Wir können in zwanzig Minuten die Erde umrunden und brauchen damit keine fliegende Eskorte mehr. Dieser Helikopter ist aus einer speziellen Titanlegierung und damit unzerstörbar.

Er hat bestimmt aus Sicherheitsgründen seinen Besuch nicht angekündigt. Die Erdbeersteuer und die anderen Steuer waren auch nicht mit mir abgesprochen.

DAS IST UNERHÖRT!

DIESE STEUERN SIND EINE UNVERSCHÄMTHEIT. SELBST WIR ALS KLEINES LAND KÖNNEN UNS DAGEGEN WEHREN.

ABER WENN WIR UNS WEHREN, KRIEGEN WIR KEIN GELD, UM TIHANGE ZU MODERNISIEREN.

WER SAGT, DASS WIR TIHANGE MODERNISIEREN MÜSSEN?

STIMMT. WOLLEN SIE FRITTEN?

Ja, während wir essen, können wir überlegen, was wir mit dem Geld alles machen!

93

Getarnt als Soldat, komme ich bestimmt näher an ihn dran.

BLA
BLUP!
BLA
BLA!

BLA
BLA

WARUM STEHEN SIE SO HERUM? DER APPELLPLATZ MUSS GEKEHRT WERDEN.

SIE HABEN EINE STUNDE ZEIT! HOP HOP!

95

WISSEN SIE MITTLERWEILE, WO SICH SUPERCOMIC JETZT BEFINDET?

LAUT UNSEREM SUPERCOMIC ORTUNGSGERÄT BEFINDET SICH SUPERCOMIC IN UNMITTELBARER NÄHE. ER IST QUASI UNTER UNS. HIER UND JETZT.

Wenn ich richtig verstehe, hat er sich getarnt als einer von uns!

GENAU DAS MEINE ICH, MR. PRÄSIDENT.

DIE ÄHNLICHKEIT IST VERBLÜFFEND.

?!??

MOMENT MAL, WAS SOLL DER BLÖDSINN?

NEIN! NEIN! AUAAH! LASS MICH LOS!

NEIN, NEIN DADDY, DAS IST ZU BRUTAL!

DEINE LESER WERDEN SICH ERSCHRECKEN ... UND KEIN VERLAG WIRD JE DEINE COMICS VERÖFFENTLICHEN!

ABER ICH BRAUCHE KEINEN VERLAG!

JA, DAS STIMMT, ABER TROTZDEM!

HMM, OK. ICH ÜBERLEGE MIR WAS.

SUPERCOMIC SOLL DIE TYPEN NICHT ZUSAMMENSCHLAGEN.

ABER ETWAS ÄRGERN DOCH!

ABER NUR EIN BISSCHEN.

OK, ICH FANGE HIER WIEDER AN...

MM...

ICH BIN DOCH SUPERCOMIC, IHR TROTTEL!

109

Ich war gerade aufs Klo, und während dessen hat irgendjemand zufällig einen Text auf die leere Sprechblasen geschrieben!

Richtig!

Du warst weggegangen und ich sah, dass die Sprechblasen leer waren, und ich dachte, komm, ich helfe Papa, er kann sowieso nicht zwischen Dativ von Akkusativ unterscheiden, und ich habe die Texte geschrieben.

Abgesehen davon, wollte ich es für Deine Leser wiedergutmachen, denn mit Essen spielt man nicht. Du brauchst Unterstützung, um die Texte richtig zu formulieren und...

ICH HASSE HOME-OFFICE, ICH HASSE HOME-OFFICE. GEHE IN DEIN ZIMMER!

Hauset, Belgien.

FERTIG ZUR LANDUNG!

Was für eine Arbeit. Moment mal! Höre ich zufällig einen Hubschrauber landen?

Jetzt fliegen wir nach Schweden, Norwegen, Polen, Ungarn, Frankreich usw. Alle müssen unterschreiben. Auch alle Länder in Asien, Afrika und Lateinamerika!

Bitte Original und Kopie!

ADJØ!

Das kann ich einfach nicht glauben!

Wir haben nur noch ... Keuf! Keuf! Nur noch ein paar Länder zu besuchen.

Sie sehen gar nicht gut aus, Sie sind am Schwitzen!

Nur etwas Fieber!

REISSEN SIE SICH ZUSAMMEN! ICH BRAUCHE KEINE KRANKEN MITARBEITER!

Yes, Sire!

Und was habe ich denn noch so auf der Agenda?

Sie müssen den Plakatentwurf für die Präsidentenkampagne 2024 freigeben. Das ist ... Keuf! Alles!

123

127

Organisieren Sie umgehend eine Pressekonferenz. Ich will die Medienvertreter aller Nationen hier sehen.

Und was ist mit der Ausgangssperre wegen der Lachpandemie?

Sie bereiten ein Hygienekonzept vor.

Alle Journalisten müssen eine Maske tragen. Kein Mensch darf lachen. Das kriegen Sie organisiert, oder? Ich will Sie nicht überfordern! Keuf Keuf!

Ist OK, Mr. Präsident. Soll ich für Sie einen Arzt anrufen?

NEIN! HUST!

FAKING NEWS · FAKING NEWS · FAKING NEWS · FAKING NEWS

FAKING NEWS

FAKING NEWS
RONALD DUMP LÄDT ZU EINER PRESSEKONZERENZ EIN.

FNN

HOW DARE YOU?

DIE AUSGANGSSPERRE GILT FÜR ALLE!

Hey Alte! Was glotzt Du mich so an? Wir kennen uns nicht!

AH NEIN?

Ich bin Daisy Trash. Ich war die Nachrichtensprecherin von FNN, bevor Du gekommen bist und mir den Job weggenommen hast.

Ah! Stimmt!

Du bist die Blonde, die glaubte, mit großen Titten kommt mal überall durch. Wie blöd! Ich habe keine Angst vor Dir. Du bist gefesselt und kannst mir nichts antun!

Meine Hände sind zwar gefesselt...

MEINE TITTEN NICHT!

AUTSCH!

133

137

Die Lachpandemie wurde von Ronald Dump geplant. Die Menschen sollten nicht auf der Straße gehen, um nicht gegen die Weltsteuerreform zu protestieren! Hier ist der Beweis!

143

144

NEW LOOK FOR EQUAL RIGHTS!

EILMELDUNG

PRÄSIDENT DUMP MIT HELIKOPTER VERUNGLÜCKT!

○ FAKING NEWS ○ FAKING NEWS ○ FAKING NEWS ○ FAKING NEWS ○

NACH SEINER FESTNAHME IST PRÄSIDENT DUMP MIT EINEM US-NAVY-HELIKOPTER IN DER NÄHER EINER KANNIBALEN-INSEL ABGESTÜRZT. ZUM GLÜCK HANDELT ES SICH HIER UM VEGETARISCHE KANNIBALEN. FALLS DER PRÄSIDENT DEN ABSTURZ ÜBERLEBT HAT, MUSS ER SICH NICHT FÜRCHTEN.

PARANOI

Präsident Dump sollte vor ein Tribunal gestellt werden. Er wird beschuldigt, die Lachpandemie erfunden zu haben, um Amerika zu ruinieren. Seine Anwälte behaupten aber, er hätte die Lachpandemie nur erfunden, um die Menschheit auf sanfte Art und Weise auf die aktuell laufende Corona-Pandemie vorzubereiten. Die Beweise dazu sollen die Schuldenbefreiungsverträge sein. Sie haben zwar Amerika etwas gekostet, aber der Präsident wollte damit den Menschen, und zwar allen Menschen der Welt helfen, für sich genügend Kapital vor der vorhersehbar drohenden Wirtschaftskrise zu haben.

Sollte sich das bewahrheiten, dann wäre Präsident Dump der Retter der Welt und damit der sichere Kandidat für den Friedensnobelpreis. Denn dank Dump ist heute das Ansehen von Amerika am Höchsten. Alle Menschen kaufen zum Dank amerikanische Produkte. Noch nie hatte sich die Wirtschaft Amerikas so schnell aus einer Krise erholen können und das alles, Dank unseres geliebten Präsidenten, betonten die Anwälte. Wir beten alle zu Gott, dass der Präsident den Absturz überlebt hat. Alle Augen sind jetzt auf seine Tochter Ivanka gerichtet. Und jetzt die aktuellen Coronazahlen.

° FAKING NEWS ° FAKING NEWS ° FAKING NEWS ° FAKING NEWS °

Ich sehe ... das sind die wahren Superhelden. Meine Hilfe wird hier nicht mehr benötigt. Ich fliege nach Hause zu meiner Familie.

Und ich erkenne auch: Wir Superhelden sind Vorbilder. Ich zeichne mir eine neue Maske.

BLA
BLUP!
☆ BLA!
BLA!

TA TAAA!

147

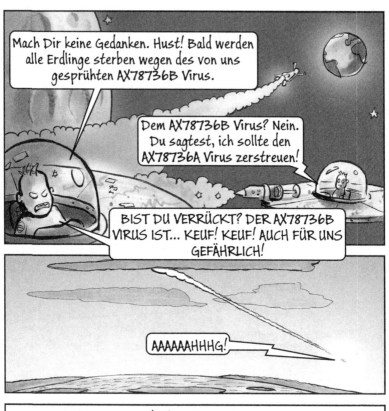

DADDY! DU BIST AUFGEWACHT!

Das war vielleicht ein Albtraum!

Ein Albtraum? Was für ein Albtraum?

Ich hatte geträumt, es gab eine Lachpandemie, aber ich oder besser gesagt Supercomic, habe die Welt gerettet. Die Menschen durften nicht lachen, denn alles, was Spaß machte, war verboten. Dann bin ich nach Hause zurückgeflogen, aber es gab einen Baum auf meiner Landebahn.

Eh...

Schatz, der Baum war tatsächlich da, die Lachpandemie auch. Danach kam eine richtige Pandemie. Ronald Dump ist verschollen und gilt jetzt als der eigentliche Weltretter, im Gegensatz zu Supercomic. Übrigens, die Polizei war hier. Johannes Stein, der Dorfpolizist sagte, sie alle sind auf Deiner Seite, trotzdem musste er für Dich eine Strafe hinterlassen wegen Fliegens ohne Flugerlaubnis. Richtig viel Geld.

WIE HAT DIE POLIZEI MEINE ADRESSE GEFUNDEN?

Das habe ich sie gefragt. Sie sagten, wir sind in Belgien, dem Land der Comics, deswegen haben die Comics für die Belgier keine Geheimnisse.

WAS? SO VIEL GELD? DAS SIND VERBRECHER!

Und dann auch noch Dump als Weltretter. Das ist der Gipfel. Ich kann nicht mehr. Ich kündige als Comicheld. Schluss. Ende. Basta!

NEIN, DADDY!

RITZ!

Jetzt, mehr als noch nie zuvor, brauchen die Menschen Vorbilder. Du kannst den Menschen klarmachen, dass wir soziale Distanz brauchen, Hygienevorschriften und vor allem Masken, um uns selber und die anderen zu schützen. Die Welt braucht Dich.

JA, DADDY!

WIR SIND DEINE FAMILIE. WIR GLAUBEN AN DICH!

SAG JA!

WAS SOLL ICH DAZU SAGEN?

BITTE!

UND SO KAM ES, DASS DER HUBSCHRAUBER IN DER NÄHE EINER INSEL VEGETARISCHER KANNIBALEN ABSTÜRZTE. AUSSER DEM PRÄSIDENTEN UND SEINEM AGENTEN GAB ES KEINE ÜBERLEBENDE.

MR. PRÄSIDENT! MR PRÄSIDENT!

HELFEN SIE MIR HOCH. WO SIND WIR?

Keine Sorge, Mr. Präsident. Laut meinen Informationen sind wir auf einer Insel vegetarischer Kannibalen gestrandet.

WAS?

UNGA!

UNGA!

OH OH!

Ok, Ich nehme es auf... LOS!

Hallo liebe Kinder, Jungs und Mädels, Damen und Herren, Alt und Jung. Hallo Freunde! Wir alle müssen Corona ernst nehmen.

Eine Maske tragen ist wichtig!

Supercomic trägt auch eine Maske!

Bleibt zu Hause, alles wird gut. Sogar Supercomic bleibt zu Hause. Es wird genügend Toilettenpapier für alle geben. Es wird bald eine Impfung geben. Streitet Euch nicht!

Das sagt Eurer Supercomic!

UND BEHALTET DIE GUTE LAUNE. DENKT DARAN: LACHEN HEILT ALLE KRANKHEITEN AUSSER DURCHFALL!

SCHLUSS!

Jeden Tag posten wir ein neues Video und die Menschen bekommen dadurch Hoffnung.

GUT!

Printed in Great Britain
by Amazon